＼しゃべらなくても楽しい！／

要介護のシニアも一緒にできる

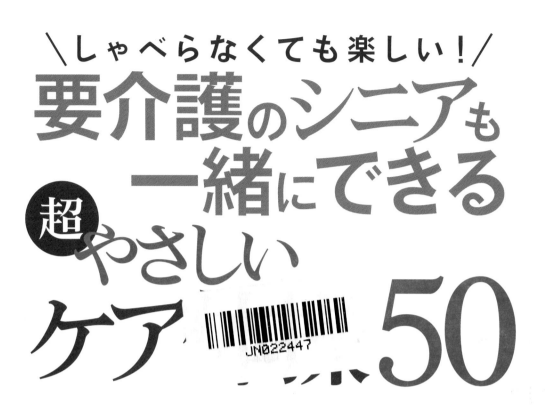

超やさしいケア○○50

斎藤道雄 著

黎明書房

はじめに

がんばるのでなく楽しんで体操する本

この本は，がんばって，体を鍛えるための本，ではありません。
この本は，楽しんで，気持ちよく，体を動かすための本です。

詳しく説明します。

この本は，
① 新型コロナによる外出自粛や，
② 三密（密閉，密集，密接）を避ける必要から，
③ 運動不足になりがちのシニアと，
④ 介護現場ではたらく支援者が，
⑤ いっしょに楽しんで身体を動かすための本です。
※シニアおひとりさまの健康づくりにもおススメです。

外出や面会の禁止。
レクリエーション活動の中止。
心配なのは，認知症や身体機能の低下です。
しかも，感染予防もしなくちゃいけない。

さあ，どうしたらいいか？

答えはこうです。

しゃべらないで，体操してください！

すると，どうなるか？

体操がもっと楽しくなります！

＼しゃべらなくても楽しい！／

要介護のシニアも一緒にできる 超 やさしい ケア体操50

斎藤道雄 著

楽しい！

かんたん！

効果的！

黎明書房

どうして楽しくなるのか？

言葉での説明がないので，シニアは見て理解しなければなりません。
それはまるで，**五感を研ぎ澄ます**ようです。
「研ぎ澄ます」とは，「意識を集中して精神・感覚・神経を鋭敏（敏感）にすること」という意味です。
まさに，この言葉がぴったりです。

これこそが，しゃべらないことの最大の特徴でありメリットです。

体操がもっと楽しくなります！
というのは，こういうことです。

体操をもっと楽しくしたい！

そういう方には？
もうおわかりですね。
しゃべらないで体操してください！

新型コロナ感染拡大のあと，この「しゃべらなくても楽しい体操」の本は，好評をいただいています。読者のみなさまに深く御礼を申し上げます。巻末に，これまでの本のご案内がありますので，ご一読ください。

この本の10の特長

1　介護現場のレクリエーション活動に使える
　　デイサービスや高齢者施設での，レクや体操の時間に役立ちます！

2　シニアの健康づくりに使える
　　シニアおひとりさまの健康づくりにもおススメです！

3　声を出さずにできる
　　体操の説明不要。言葉でなく，身振り手振りだけで説明します。

4　「みちお先生のケアポイント」がついている
　　「〇〇するとよりかんたんにできます」など，シニアにやさしい
　アドバイスです。

5　座ったままできる
　　全ての体操がイスに腰掛けたままできます。

6　かんたんな動作だけでできる
　　要介護シニアにもできるように，立ち上がったり，寝転がったり
　するような動作はありません。

7　準備なしでできる
　　道具，準備一切不要です。支援者のレクの負担が軽くなります。

8　たった3行でわかる
　　体操の「すすめかた」はたったの3行だけ。簡潔でわかりやすい説明です。

9　イラストを見るだけでわかる
　　絵を見ただけで，体操がすぐにイメージできます。

10　読者がスキルアップできる
　　支援者の方のレクリエーションスキルが，ぐんぐんアップします。

この本の使い方

① おススメの体操をしましょう！

↓

② 気分や体調に合わせて，お気に入りの体操を選びましょう！

↓

③ おススメの体操と，お気に入りの体操を自由に入れ替えましょう！

朝の おススメ体操	❸ バンザイおなか伸ばし ↓ 11 ページ	 4回繰り返す
昼の おススメ体操	⓯ 足組んで横向いて ↓ 24 ページ	 左右交互に 2回ずつ
夜の おススメ体操	㊷ にぎって上げてひらいて下げて ↓ 52 ページ	 4回を2セット

もくじ

Ⅰ 超やさしい体操

Ⅱ 超かんたん体操

Ⅲ）超楽しい体操

Ⅳ）超気持ちいい体操

① 合掌指伸ばし

両手を合わせて，指同士をくっつけて，まっすぐに伸ばしましょう！

ねらいとききめ　指のストレッチ　手先の器用さ維持

すすめかた

① 胸の前で合掌します。
② 指同士をくっつけて，まっすぐにピンと伸ばします。
③ 手指をゆるめます。4回繰り返します。

4回繰り返す

みちお先生のケアポイント

・多少指が曲がってもオッケーです。自分にできる範囲でどうぞ！

② ちょっと待ったストレッチ

片腕を前に伸ばして，全部の指をいっぱいにひらきましょう！

ねらいと**ききめ**　（指と腕のストレッチ）

すすめかた

① 片腕を前に伸ばして，手をパーにします。
② 手のひらを正面にして，できる限り全部の指をひらきます。
③ 左右交互に２回ずつします。

左右交互に
２回ずつ

みちお先生のケアポイント

・全部の指がきちんと伸びなくてもオッケーです。自分にできる範囲で，
　どうぞ！

③ バンザイおなか伸ばし

両腕を上に伸ばして，おなかを上に伸ばしましょう！

ねらいとききめ　おなかのストレッチ　血行促進

すすめかた

① 足を肩幅にひらいて，胸を張ります。

② 両腕を上に伸ばして，おなかを伸ばします。

③ 一休みしながら，４回繰り返します。

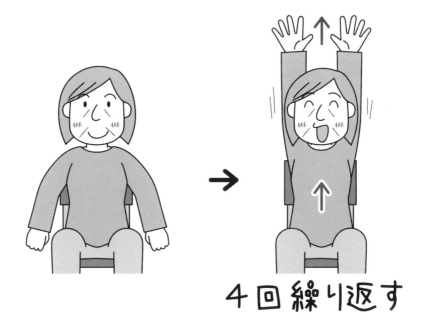

４回繰り返す

みちお先生のケアポイント

・あまり無理をしないように。自分にできる範囲でどうぞ！

④ ふくらはぎストレッチ

片足を後ろに引いて，ふくらはぎを伸ばしましょう！

ねらいとききめ　（脚の血行促進）（バランス力アップ）

すすめかた

① なるべくイスに浅く腰掛けます。
② 背筋をピンと伸ばして，片足を一歩後ろに引きます。
③ 元に戻します。左右２回ずつどうぞ。

左右交互に
２回ずつ

みちお先生のケアポイント

・①のときに，両手でイスを押さえるとイスからの転倒予防になります！

⑤ ものマネ腕立て伏せ

腕立て伏せをするように，両腕を曲げたり伸ばしたりしましょう！

ねらいと**ききめ**　指のストレッチ　腕力強化

すすめかた

① 胸を張って，胸の前で両手をパーにします。

② 腕立て伏せをするようにして，両腕を前に押し出します。

③ 元に戻します。4回繰り返します。

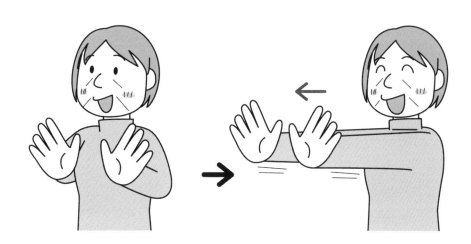

4回繰り返す

みちお先生のケアポイント

・なるべく全部の指をいっぱいにひらきましょう！

⑥ 花火のポーズ

足を大きくひらいて，両腕を上に伸ばしましょう！

ねらいとききめ　腕と指のストレッチ

すすめかた

① 足を肩幅より広くひらきます。
② 胸を張って，バンザイします。
③ ４回繰り返します。ニッコリ笑ってどうぞ！

４回繰り返す

みちお先生のケアポイント

・なるべく全部の指をひらきましょう！

⑦ スゴチョキ伸ばし

親指と人差し指の2本の指をまっすぐに伸ばしましょう！

ねらいと**ききめ**　(指と腕のストレッチ)

すすめかた

① 　足を肩幅にひらいて，胸を張ります。
② 　両腕を前に伸ばして，人差し指と親指をできる限りまっすぐに伸ばします。
③ 　4回繰り返します。一休みしながら，どうぞ！

4回繰り返す

みちお先生のケアポイント

・多少指が曲がってもオッケーです。自分にできる範囲でしましょう！

⑧ 胸張って大腕振って

胸を張って，腕を前後に大きく振りましょう！

ねらいとききめ （腕振り感覚の維持）

すすめかた

① 胸を張ります。

② 腕を前後に大きく振りながら，足ぶみを8歩します。

③ 一休みしながら，4回繰り返します。

４回繰り返す

みちお先生のケアポイント

・①のときに，手を軽く握りましょう！　力まずにできます。

❾ 背筋伸ばして胸張って

姿勢を正して，胸を張りましょう！

ねらいとききめ　　（姿勢保持）（胸のストレッチ）

すすめかた

① 両手を下に伸ばして，リラックスします。

② 背筋をピンと伸ばして，胸を張ります。

③ 一休みしながら，４回どうぞ！

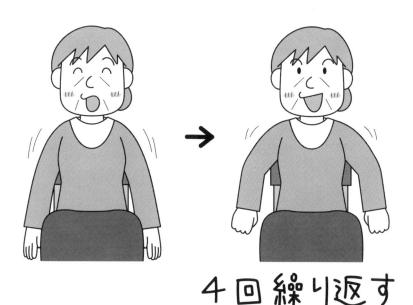

４回繰り返す

みちお先生のケアポイント

・力まないように。腕と肩の力を抜いてしましょう！

⑩ おせんべい焼けたかな

両手の手のひらを，左右交互に，上下にひっくり返しましょう！

ねらいとききめ 腕の捻転動作 （ねんてん） 腕のストレッチ

すすめかた

① 両腕を前に伸ばして，両手をパーにします。
② 片手は手のひらを上，反対の手は手のひらを下にします。
③ 同様に（②と）反対の動作をします。交互に２回ずつどうぞ！

左右交互に
２回ずつ

みちお先生のケアポイント

・肩の力を抜いて，リラックスしてしましょう！

⑪ 胸張っておなか伸ばし

胸を張って，おなかを上に伸ばしましょう！

ねらいとききめ　姿勢保持　胸のストレッチ

すすめかた

① 足を肩幅にひらいて，胸を張ります。

② 両手をおへそに置いて，おなかを上に伸ばします。

③ 力をゆるめます。4回繰り返します。

4回
繰り返す

みちお先生のケアポイント

・おなかが伸びているのを，手のひらで感じてみましょう！

⑫ 両ひじ接近中

背筋を伸ばして，ひじとひじをくっつけましょう！

ねらいとききめ 〔背中のストレッチ〕

すすめかた

① 両手をグーにして，ひじを直角に曲げます。
② 胸の前で両ひじをくっつけます。
③ ４回繰り返します。

４回繰り返す

みちお先生のケアポイント

・両ひじがつかなくてオッケーです。自分にできる範囲で，どうぞ！

コラム①

しゃべらないで体操したらこうなった

しゃべらないで体操をして変わったことがあります。
それは，**ボクとシニアの目がよく合うようになった**ことです。

よく考えてみれば，あたりまえのことです。
言葉での説明は一切なし。
はじめからおわりまで，すべてジェスチャーだけ。
シニアは，ボクを見るしかないのです（笑）。

だから，ボクが誰かを見れば，必ず目が合います。

目が合うだけで，ドキッとする人もいます。
そんなときは，その人をジーっと見つめちゃいます。
その反応がとてもおもしろい。

笑う人。
照れる人。
よろこぶ人。

こんな方もいらっしゃいます。
腰が（ほとんど直角に）曲がっている女性シニアがいました。
その姿勢だと，顔が下を向いてしまうので，ボクと目が合いません。
そこでどうしたか？
その人の前に行って，下から覗き込んでみました。
そしたら？
なんと，笑ってました！

目と目が合うと，とてもよい刺激になります。
しゃべらない体操には，こんな効果もあります。

⑬ 振り向きまショー

後ろを振り返るようにして，上体を捻りましょう！

ねらいとききめ 　血行促進　体側のストレッチ

すすめかた

① 足を肩幅にひらいて，両手を腰に置きます。
② 上体を捻って，後ろを振り向きます。
③ 反対側も同様にします。交互に２回ずつ，どうぞ！

左右交互に
２回ずつ

みちお先生のケアポイント

・腕と肩の力を抜いて，リラックスしてしましょう！

⑭ 足首つかみまショー

片腕を下に伸ばして，足首をつかみましょう！

ねらいとききめ （柔軟性維持）

すすめかた

① 足を肩幅にひらきます。
② 左手で左の足首をつかみます。
③ 左右交互に，２回ずつ，どうぞ！

左右交互に
２回ずつ

みちお先生のケアポイント

・むずかしいときは，くるぶしをさわるだけでもオッケーです！

⑮ 足組んで横向いて

足を組んで，体を捻りましょう！

ねらいとききめ 体側のストレッチ 血行促進

すすめかた

① なるべくイスに浅く腰掛けます。
② 足を組んで（右足が上），胸を横（右）に向けます。
③ 反対側も同様にします。交互に２回ずつどうぞ！

左右交互に
２回ずつ

みちお先生のケアポイント

・両手でイスを押さえながらすると，より安全です！

⑯　骨盤で足ぶみ

イスに腰掛けたままで，足踏みするようにお尻を上下しましょう！

ねらいと**ききめ**　　足腰強化　　血行促進

すすめかた

① 　足を腰幅で，両手をひざに置きます。
② 　足ぶみをするように，お尻を上下します。
③ 　8歩を4セットしましょう！

8歩を4セット

みちお先生のケアポイント

・むずかしいときは，上体を左右に動かしながらすると，よりかんたんです！

⑰ おなか背中同時タッチ

片手でおなかをさわりながら，反対の手で背中をさわりましょう！

ねらいとききめ　肩の柔軟性維持

すすめかた

① 片手でおなかをさわって，反対の手で背中をさわります。
② 深呼吸を1回します。
③ 同様に反対の動作をします。交互に4回ずつ，どうぞ！

スー　ハー　交互に4回ずつ

みちお先生のケアポイント

・手のひらで背中をさわりにくい人は，手の甲でもオッケーです。

⑱ おへそからこんにちは

上体を少し前に倒して，背筋をピンと伸ばしましょう！

ねらいと**ききめ**　　股関節^{こ かんせつ}の可動域維持

すすめかた

① 両手をひざの上に置いて，背筋をピンと伸ばします。

② 背筋を伸ばしたまま，上体を少し前に倒します。

③ ４回繰り返します。一休みしながら，どうぞ！

４回繰り返す

みちお先生のケアポイント

・呼吸を止めないようにしましょう！

⑲ グーパーで足ぶみ

両手でグーパーしながら，足ぶみをしましょう！

ねらいとききめ　　（巧緻性維持）（足腰強化）

すすめかた

① 両腕を前に伸ばして両手でグーパーします。

② 胸を張って，足ぶみを８歩します。

③ これ（①と②）を同時にします。一休みしながら，４セットどうぞ！

①と②を同時に
４セット

みちお先生のケアポイント

・うまくできなくてもオッケーです。楽しんでしましょう！

⑳ すいか割り体操

すいか割りをするように,両手を上から下へ振り下ろしましょう!

ねらいとききめ 　肩の柔軟性維持　　背筋力維持

すすめかた

① 頭の上で両手を合わせて,両手の指同士を組みます。
② 上から下へ腕を振り下ろします。
③ 4回繰り返します。すいか割りの要領で,思い切って,どうぞ!

4回繰り返す

みちお先生のケアポイント

・腕が高く上がらないときは,腕が上がるところまででオッケーです!

29

㉑ スゴ腕ドリル

合掌した両手を前に伸ばして，ドリルのように捻りましょう！

ねらいとききめ 腕の捻転動作 腕のストレッチ

すすめかた

① 両腕を前に伸ばして合掌します。

② 腕をクロスするように捻って戻します。

③ 左右交互に，2回ずつします。

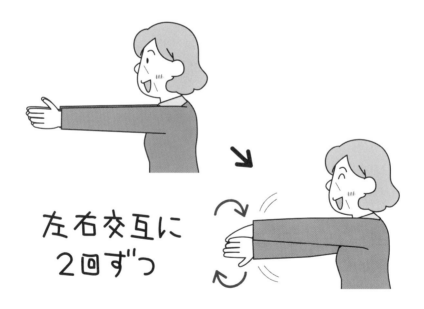

左右交互に
2回ずつ

みちお先生のケアポイント

・肩の力を抜いて，リラックスしてしましょう！

㉒ もも上げ腹筋

両手でひざをかかえて，ももを上に持ち上げましょう！

ねらいとききめ　（腹筋強化）

すすめかた

① 片方のひざを両手でかかえます。

② 両手でひざを上に持ち上げます。

③ 左右交互に2回ずつ，どうぞ！

左右交互に
2回ずつ

みちお先生のケアポイント

・むずかしいときは，かかとを上げるだけでもオッケーです。

㉓ 後ろへ前ならえ

胸を張って，両腕を後ろに伸ばしましょう！

ねらいと**ききめ**　腕のストレッチ　肩の柔軟性維持

すすめかた

① 胸を張って，両腕を後ろに伸ばします。
② 手のひらを上にして，全部の指をひらきます。
③ 4回繰り返します。休み休み，どうぞ！

4回繰り返す

みちお先生のケアポイント

・むずかしいときは，両手で腰のあたりをさわってもオッケーです。

㉔ 一番のポーズ

拳を突き上げて，人差し指を伸ばしましょう！

ねらいとききめ 〔 指先のストレッチ 〕〔 肩や腕の柔軟性維持 〕

すすめかた

① 足を肩幅にひらいて，胸を張ります。
② 片手を上げて，人差し指を伸ばします。
③ 左右交互に2回ずつ，一番いい顔をしてどうぞ！

左右交互に
2回ずつ

みちお先生のケアポイント

・手を上げるのがむずかしいときは，腕を前に伸ばしてもオッケーです！

㉕ 背中まで届くかな①

頭の後ろから，片手で背中をタッチしましょう！

ねらいと**ききめ** 〔肩の柔軟性維持〕

すすめかた

① 足を肩幅にひらいて，胸を張ります。
② 頭の後ろから，片手で背中（肩甲骨と肩甲骨の間）をさわります。
③ 左右交互に，４回繰り返します。

左右交互に
４回ずつ

みちお先生のケアポイント

・無理をしないように。自分にできる範囲でどうぞ！

㉖ 背中まで届くかな②

片手を後ろにして，下から背中をさわりましょう！

ねらいとききめ 〔肩の柔軟性維持〕

すすめかた

① 足を肩幅にひらいて，胸を張ります。
② 片手で下から上へと背中をさわります。
③ 左右交互に，4回繰り返します。

左右交互に
4回ずつ

みちお先生のケアポイント

・手のひらで背中をさわりにくい人は，手の甲でもオッケーです。

35

㉗ 腕組んでかかしのポーズ

腕組みをして，片足を上げましょう！

ねらいとききめ 〔 バランス力アップ 〕

すすめかた

① 背筋をピンと伸ばして，両腕を組みます。
② 片足を上げて，おろします。
③ 左右交互に２回ずつします。

左右交互に２回ずつ

みちお先生のケアポイント

・腕を組むのがむずかしいときは，両手を腰に置いてもオッケーです。

コラム②

しゃべらなくても楽しい体操　ボクのベスト3

第1位　手をたたく
第2位　グーパー
第3位　あしぶみ

これが，しゃべらなくても楽しい体操のベスト3です。

理由は，**どれもかんたんにマネできるから**です。

さらに，強弱やテンポを変えるだけで，バリエーションが無限
です。
　たとえば。
　力強くグーパーしたり，やさしくグーパーしたり。
　速くグーパーしたり，ゆっくりグーパーしたり。

こんなふうにすれば，あきずに長くできます。

このベスト3は，聞いただけでもわかるので，目の不自由な方に
もおススメです。

一言「手をたたきましょう」と言えば，すぐにわかります。
「〇〇して，△△して，××して……」
と言うよりは，はるかにわかりやすいですよね。

「朝の体操なにしようかな？」
体操のネタに困ったら，しゃべらなくても楽しい体操ベスト3。
お試しください！

㉘ なかよしつまさきタッチ

自分のつまさきと相手のつまさきでタッチするマネをしましょう！

ねらいと**ききめ**　（足の器用さ維持）（相手との距離間隔認知）

すすめかた

① 支援者とシニアで向かい合います。
② 支援者とシニアは，片足を１歩前に出して，つまさき同士でタッチする
マネをします。
③ 左右交互に４回ずつします。ニッコリ笑って，どうぞ！

左右交互に４回ずつ

みちお先生のケアポイント

・左右どちらの足でタッチしてもオッケーです！

㉙ ハイタッチで気分最高

片腕を上に伸ばして，ハイタッチをするマネをしましょう！

ねらいと**ききめ** 　 肩の柔軟性維持

すすめかた

① 支援者とシニアで向かい合います。
② 支援者は片手を上に上げて，シニアとハイタッチするマネをします。
③ 左右交互に４回ずつします。ニッコリ笑ってどうぞ！

左右交互に４回ずつ

みちお先生のケアポイント

・手の高さは，支援者が，シニアに合わせるようにしましょう！

㉚ ワクワクドキドキひじタッチ

自分のひじと相手のひじでタッチするマネをしましょう！

ねらいと**ききめ** 　体側のストレッチ

すすめかた

① 支援者とシニアで向かい合います。
② 支援者はシニアと，お互いのひじ同士でタッチするマネをします。
③ 左右交互に４回ずつします。笑顔でどうぞ！

右ひじと右ひじ

左右交互に
４回ずつ

左ひじと左ひじ

みちお先生のケアポイント

・右ひじと右ひじ，左ひじと左ひじでタッチするマネをしましょう！

㉛ よろこびのグータッチ

両手をグーにして，相手とタッチするマネをしましょう！

ねらいとききめ 　距離間隔の認識　いい気分

すすめかた

① 　支援者とシニアで向かい合います。

② 　支援者は両手をグーにして，シニアとグー同士でタッチするマネをします。

③ 　４回繰り返します。目と目を見つめ合って，どうぞ！

４回繰り返す

みちお先生のケアポイント

・支援者は，シニアの手が届く範囲に，両手を差し出しましょう！

41

32 5戦先勝じゃんけん

どちらかが先に5回勝つまでじゃんけんしましょう！

ねらいとききめ 手先の器用さ維持 記憶力維持

すすめかた

① 支援者とシニアでじゃんけんします。

② 片腕を上に伸ばして，頭の上で動作します。

③ どちらかが先に5回勝つまで繰り返します。

どちらかが5回
勝つまで繰り返す

みちお先生のケアポイント

・勝ち数を，片手でかぞえながらすると忘れません！

33 爆笑顔伸ばし

手のひらを顔に当てて，顔を伸ばしましょう！

ねらいとききめ 顔のストレッチ

すすめかた

① 両手の手のひらを，左右の頬に当てます。
② 片手は上に，反対の手は下に頬を動かします。
③ 逆側の動作もします。左右交互に２回ずつ，どうぞ！

左右交互に２回ずつ

みちお先生のケアポイント

・思い切って顔を伸ばせば，大爆笑です！

㉞ 手拍子のワルツ

「1・2・3，1・2・3……」のリズムで手をたたきましょう！

ねらいとききめ　血行促進　手先の器用さ維持

すすめかた

① 足を肩幅にひらいて，胸を張ります。
② 胸の前で両手を3回たたきます。
③ 「1・2・3」のリズムで，10回繰り返します。

1・2・3

10回繰り返す

みちお先生のケアポイント

・「4拍子で手拍子」＋「足ぶみ」でしても楽しいです！

㉟ 笑顔のストレッチ

ニッコリ笑って，顔の筋肉をほぐしましょう！

ねらいとききめ 顔のストレッチ 笑顔になる

すすめかた

① 顔の前で両手をグーにします。

② できる限り口を真横にひらいて，顔の横でパーにします。

③ 4回繰り返します。一番の笑顔で，どうぞ！

4回繰り返す

みちお先生のケアポイント

・支援者は，オーバーアクションでしましょう！

㊱ 握手で大腕振り

握手するマネをして，腕を上下に大きく動かしましょう！

ねらいと**ききめ**　（腕振り感覚の維持）

すすめかた

① 支援者とシニアで向かい合います。
② 支援者はシニアと片手で握手（するマネ）をしながら，大きく腕を8回振ります。
③ 左右交互に2セットずつします。目と目を合わせて，どうぞ！

握手するマネをしながら
大きく腕を
8回振る

左右交互に2セットずつ

みちお先生のケアポイント

・はじめは小さい動作で，徐々に大きく。支援者が，シニアの動きに合わせましょう！

37 両手突き上げエイエイオー！

両手をグーにして，両腕を上に伸ばしましょう！

ねらいとききめ　腕のストレッチ　元気が出る

すすめかた

① 両手をグーにして，ひじを直角に曲げます。

② 胸を張って，両腕を上に伸ばします。

③ 4回繰り返します。両手でエイエイオーする感じで，どうぞ！

４回繰り返す

みちお先生のケアポイント

・支援者は，明るく元気にオーバーアクションでしましょう！

㊳ にわとりストレッチ

にわとりのように，顔を前に出したり戻したりしましょう！

ねらいとききめ 〔首や胸のストレッチ〕

すすめかた

① 両手を腰に置いて，胸を張ります。
② 顔を前に出して，首を長く伸ばします。
③ 元に戻します。4回繰り返します。

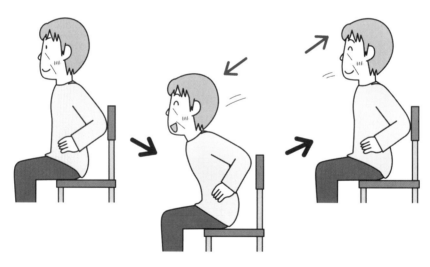

4回繰り返す

みちお先生のケアポイント

・②のあと，羽ばたくように，両手を上下しても楽しいです！

㊴ 両腕伸ばしてヤッター！

胸を張って，気持ちよくバンザイしましょう！

ねらいとききめ　（胸のストレッチ）（元気が出る）

すすめかた

① 　足を肩幅にひらいて，胸を張ります。

② 　両腕を上に伸ばして，バンザイします。

③ 　3回繰り返します。ニッコリ笑顔でどうぞ。

3回繰り返す

みちお先生のケアポイント

・支援者は，明るく，元気に，オーバーアクションでしましょう！

㊵ 頭トントン

頭頂部を軽くたたいて刺激しましょう！

ねらいとききめ　（頭のツボ刺激）（血行促進）

すすめかた

① 片手をグーにして，頭の上にのせます。
② 頭を軽くトントンとたたきます。
③ 8回を2セット。気持ちのよい力加減で，どうぞ！

8回を
2セット

みちお先生のケアポイント

・あまり強くたたきすぎないように。

㊶ 腕振りブランブラン

両腕を前後にブラブラして，リラックスしましょう！

ねらいとききめ （血行促進）

すすめかた

① 肩と腕の力を抜いて，リラックスします。
② ブラブラとゆするように両腕を前後に振ります。
③ 8回を4セットします。

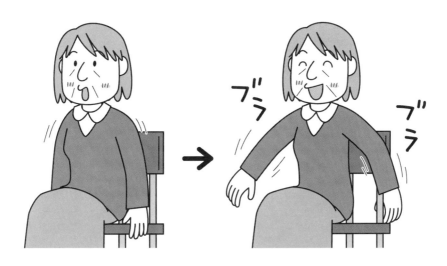

8回を4セット

みちお先生のケアポイント

・支援者は，ニッコリ笑顔で動作しましょう！

㊷ にぎって上げてひらいて下げて

両手をギュッとにぎって肩を上げて，力をゆるめて肩を下げましょう！

ねらいとききめ （肩と首の脱力）（血行促進）

すすめかた

① 両肩を上げて，両手をグーにします。
② 両肩を下げて，両手をパーにします。
③ これ（①と②）を４回繰り返します。２セットどうぞ！

４回を２セット

みちお先生のケアポイント

・②のときに，手指の力をゆるめましょう！

㊸ こめかみまっさーじ

手のひらで，こめかみを気持ちよく指圧しましょう！

ねらいとききめ　（顔のストレッチ）（血行促進）

すすめかた

① 両手のひらのつけ根をこめかみに当てます。

② 両手を，軽く押し当てたり，回したりします。

③ 気持ちのいい力加減でどうぞ！

軽く押し当てたり　回したり

みちお先生のケアポイント

・支援者は，ニッコリ笑ってしましょう！

44 かんたん首ストレッチ

頭を左右に倒して，肩回りの筋肉をほぐしましょう！

ねらいとききめ 　血行促進　肩こり予防

すすめかた

① 両手を後ろで組んで，背筋をピンと伸ばします。
② 頭を真横に倒して，「フ〜」と息をはきだします。
③ 左右交互に2回ずつします。

左右交互に2回ずつ

みちお先生のケアポイント

・むずかしいときは，両手を腰に置いてもオッケーです。

㊺ 耳たぶまっさーじ

耳たぶを軽く引っ張ったり，ぐるぐる回したりしましょう！

ねらいとききめ 〔耳の血行促進〕

すすめかた

① 人差し指と親指で耳たぶをつかみます。
② 軽く引っ張ったり，ぐるぐる回したりします。
③ 気持ちのよい力加減で，どうぞ！

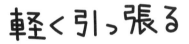

みちお先生のケアポイント

・耳たぶを引っ張ったときに，おもしろい顔をすると，もっと楽しくなります！

46 ウエーブで肩体操

片方の肩を上げて，反対の肩を下げましょう！

ねらいとききめ 肩と首の脱力 血行促進

すすめかた

① 右肩を上げて，左肩を下げます。元に戻します。
② 右肩を下げて，左肩を上げます。元に戻します。
③ これ（①と②）を4回繰り返します。ニッコリ笑って，どうぞ！

4回
繰り返す

みちお先生のケアポイント

・腕と肩の力を抜いて，リラックスしてしましょう！

㊼ 拳でバンザイ

両手をグーにして，両腕を上に伸ばしましょう！

ねらいとききめ （握力維持）（腕のストレッチ）

すすめかた

① 足を肩幅にひらいて，胸を張ります。

② 両手を軽く握って，両腕を上に伸ばします。

③ 一休みしながら，4回繰り返します。自分の中で一番いい顔をしてどうぞ！

4回
繰り返す

みちお先生のケアポイント

・きちんと腕が伸びなくても（多少ひじが曲がっても），オッケーです。

㊽ 合掌深呼吸

胸の前で両手を合わせて，深呼吸しましょう！

ねらい と ききめ　姿勢保持　血行促進

すすめかた

① 　足を閉じて，胸の前で合掌します。

② 　背筋をピンと伸ばして，深呼吸を１回します。

③ 　４回繰り返します。休みながら，どうぞ！

みちお先生のケアポイント

・あわてずに，ゆっくりとていねいに動作しましょう！

㊾ ひじ回し肩回し

ひじを前から後ろに回して，肩甲骨をほぐしましょう！

ねらいとききめ　肩の柔軟性維持

すすめかた

① 足を肩幅にひらいて，胸を張ります。
② 両手をグーにして，ひじを前から後ろに大きく回します。
③ 一休みしながら，4回繰り返します。

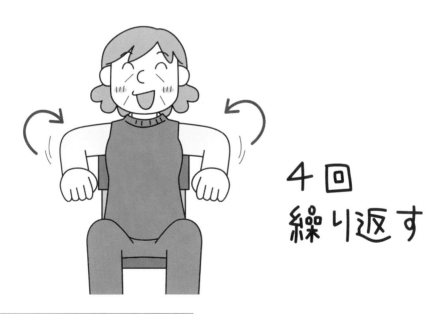

4回
繰り返す

みちお先生のケアポイント

・②のときに，手を軽く握りましょう！　力まずにできます。

🔵50 ひじ上げて体側伸ばし

ひじを上に持ち上げて，体の横を伸ばしましょう！

ねらいとききめ 〔 体側のストレッチ 〕〔 血行促進 〕

すすめかた

① 足を肩幅にひらいて，片手を頭の後ろに置きます。

② 「フ〜」と息をはきながら，ひじを上に持ち上げます。

④ 左右交互に2回ずつします。

左右交互に
2回ずつ

みちお先生のケアポイント

・あまり無理をしないように。できる範囲でしましょう！

おわりに

こんな体操が大好きです！

もしもこんなとき，あなたならどうしますか？

体操の最中，ひとりだけ違う動きをしていたら？

たとえば，全員が手をたたいている。
なのに，ひとりだけがひざをたたいていたら？

ひざをたたくように言う？

ボクなら，そのままにします。

理由を説明します。

介護現場のシニアは，心身レベルが著しく違います。
車イスの方もいれば，片麻痺の方もいます。
なかには，認知症の方もいます。

なので，同じ体操をしても動きがバラバラになることがよくあります。
でも，大事なのは，楽しんで身体を動かしていただくことです。
なので，動きが違っても構いません。

これが，そのままにする理由です。

以前，こんな方がいらっしゃいました。

ボクが手をたたいたら，その方は，うなずくように首を動かすのです。

「パンパンパン……」のところを，「うんうんうん」という感じで。
あきらかに，ほかの人と動きが違います。
どうしてか？
実は，その方は，手足がほとんど動かなかったのです。
だから，動くところを動かしていたのでした。

その方の姿を見ていたら，なんだかジーンときちゃいました。

夏休みに公園でするラジオ体操。
全員が同じことを，同じように，やっています。
きちんとそろってしていますよね。
体操にはこんなイメージがあります。

でも，これだけは覚えておいてください。

見た目がバラバラの体操もある。

たとえ見た目がバラバラでも，全員が気持ちよく体を動かしている。

ボクは，こんな体操が大好きです！

　令和３年８月

　　　　　　　　ムーヴメントクリエイター　斎藤道雄

著者紹介

●斎藤道雄

体操講師，ムーヴメントクリエイター。

クオリティ・オブ・ライフ・ラボラトリー主宰。

自立から要介護シニアまでを対象とした体操支援のプロ・インストラクター。

体力，気力が低下しがちな要介護シニアにこそ，集団運動のプロ・インストラクターが必要と考え，運動の専門家を数多くの施設へ派遣。

「お年寄りのふだん見られない笑顔が見られて感動した」など，シニアご本人だけでなく，現場スタッフからも高い評価を得ている。

[お請けしている仕事]
○体操教師派遣（介護施設，幼稚園ほか）　○講演　○研修会　○人材育成　○執筆

[体操支援・おもな依頼先]
○養護老人ホーム長安寮
○有料老人ホーム敬老園（八千代台，東船橋，浜野）
○淑徳共生苑（特別養護老人ホーム，デイサービス）ほか

[講演・人材育成・おもな依頼先]
○世田谷区社会福祉事業団
○セントケア・ホールディングス（株）
○（株）オンアンドオン（リハビリ・デイたんぽぽ）ほか

[おもな著書]
○『しゃべらなくても楽しい！　シニアの運動不足解消＆ストレス発散体操50』
○『しゃべらなくても楽しい！　シニアの超盛り上がるレク体操50』
○『しゃべらなくても楽しい！　シニアの筋力アップ体操50』
○『しゃべらなくても楽しい！　シニアの座ってできる健康体操50』
○『しゃべらなくても楽しい！　1,2分でできるやさしい特養体操50』
○『しゃべらなくても楽しい！　シニアの心身機能アップ体操50』
○『しゃべらなくても楽しい！　シニアの1,2分間認知症予防体操50』
○『一人でもできるシニアのかんたん虚弱予防体操50』
○『シニアの1,2分間運動不足解消体操50』
○『シニアの爆笑あてっこ・まねっこジェスチャー体操』
○『新装版　要支援・要介護の人もいっしょに楽しめるゲーム＆体操』
○『新装版　虚弱なシニアでもできる楽しいアクティビティ32』（以上，黎明書房）

[お問い合わせ]
ホームページ「要介護高齢者のための体操講師派遣」：http://qollab.online/
メール：qollab.saitoh@gmail.com
＊イラスト・さややん。

しゃべらなくても楽しい！
要介護のシニアも一緒にできる 超 やさしいケア体操 50

2021 年 12 月 10 日　初版発行

著　者	斎　藤　道　雄	
発行者	武　馬　久仁裕	
印　刷	藤原印刷株式会社	
製　本	協栄製本工業株式会社	

発　行　所　　　　　　　株式会社 黎 明 書 房

〒460-0002　名古屋市中区丸の内 3-6-27　EBS ビル　☎ 052-962-3045
FAX 052-951-9065　振替・00880-1-59001
〒101-0047　東京連絡所・千代田区内神田 1-4-9　松苗ビル 4 階
☎ 03-3268-3470

しゃべらなくても楽しい！　シニアの運動不足解消＆ストレス発散体操50

斎藤道雄著　　　　B5・63頁　1700円

With コロナ時代の，しゃべらずに，座ったまま出来る体操50種を「ストレッチ」「筋トレ」「リフレッシュ」「リラックス」の各章に分けて紹介。高齢者施設でもお一人でもできます。2色刷。

しゃべらなくても楽しい！　シニアの超盛り上がるレク体操50

斎藤道雄著　　　　B5・63頁　1700円

シニアが最高に盛り上がる50のレク体操を紹介。「たたいちゃダメよ〜」など，支援者の身振り手振りをマネするだけでできる楽しい体操が盛りだくさん。シニアお一人でも利用可能です。2色刷。

しゃべらなくても楽しい！　シニアの筋力アップ体操50

斎藤道雄著　　　　B5・63頁　1700円

感染予防しながら楽しく筋トレ！　座ったまま，支援者の身振り手振りをマネするだけで，安心・安全に運動できます。「天使のはね」など，シニアの方お一人でもできる体操ばかりです。2色刷。

しゃべらなくても楽しい！　シニアの座ってできる健康体操50

斎藤道雄著　　　　B5・63頁　1700円

感染予防対策と楽しさを両立した，「しゃべらないでする健康体操」50種を紹介。「バンザイジャンケン体操」などの楽しい体操で，座ったまま，声を出さずに誰でも効果的に運動できます。2色刷。

しゃべらなくても楽しい！　1，2分でできるやさしい特養体操50

斎藤道雄著　　　　B5・63頁　1700円

「ひざ太鼓」「両ひざアップダウン」など，支援者のジェスチャーをマネするだけで出来る，特養でも楽しめる体操50種を紹介。座ったまま，誰でも簡単に出来るやさしい体操ブックです。2色刷。

しゃべらなくても楽しい！　シニアの心身機能アップ体操50

斎藤道雄著　　　　B5・63頁　1700円

With コロナ時代のシニアと支援者が安心して取り組める，「しゃべらないでする」体操を紹介。「ものまねお手玉」など，座ったまま身振り手振りで伝わる体操で，楽しく安全に運動できます。2色刷。

しゃべらなくても楽しい！　シニアの1，2分間認知症予防体操50

斎藤道雄著　　　　B5・63頁　1700円

声を出さず，支援者の身振り手振りを真似するだけで出来る，ウィズコロナ時代の新しいスタイルの体操50種を収録。椅子に座ったまま，お一人でも楽しく運動できます。2色刷。

一人でもできるシニアのかんたん虚弱予防体操50

斎藤道雄著　　　　B5・63頁　1700円

「あべこべ腕回し」など，一人〜少人数で出来る，コロナ時代に対応した体操50種を紹介。体を動かすのが苦手な人も，椅子に座ったまま楽しく虚弱予防！　支援者のためのアドバイス付き。2色刷。

シニアの1，2分間運動不足解消体操50

斎藤道雄著　　　　B5・63頁　1650円

椅子に腰かけたまま出来る，シニアの運動不足解消に役立つ体操50種を収録。「簡単。なのに，楽しい！」体操で，誰でも飽きずに運動できます。支援者のためのアドバイス付き。2色刷。

表示価格は本体価格です。別途消費税がかかります。

■ホームページでは，新刊案内など，小社刊行物の詳細な情報を提供しております。「総合目録」もダウンロードできます。
http://www.reimei-shobo.com/